Mon baptême

Premiers pas dans la foi

MAME

Direction : Guillaume Arnaud
Direction éditoriale : Sarah Malherbe
Édition : Sophie Cluzel
Direction artistique : Élisabeth Hebert assistée d'Anaïs Acker
Nihil obstat : Paris, le 14 février 2009, M. Vidal, v. é.
Imprimatur : Paris, le 14 février 2009, M. Dupuy

Site : www.fleuruseditions.com
ISBN : 978-2-9163-5062-2 (Edifa)/978-2-7289-1325-1 (Mame)

« Loi n°49-956 du 16 juillet 1949 sur les publications destinées à la jeunesse.»

Mon baptême

Premiers pas dans la foi

Mame

Sommaire

Une histoire pour revivre son baptême
racontée par Karine-Marie Amiot

Premiers pas dans la foi
racontés par Sophie de Mullenheim

Illustrations d'Éric Puybaret

Vous avez demandé le baptême pour votre enfant. Grande joie pour toute l'Église ! Par son baptême, votre enfant entre dans la grande famille des enfants de Dieu.

Bien sûr, il est encore trop petit pour comprendre ce que cela signifie. Il a tout à découvrir. Vous, ses parents, vous vous êtes engagés, ainsi que son parrain et sa marraine, à le guider sur le chemin de la foi.

Ce livre a été écrit pour vous y aider. Comment ? En lui racontant l'histoire de son baptême, vous ferez mémoire de son entrée dans la famille des croyants, un peu comme lorsque vous lui racontez l'histoire de sa naissance !

Avec les pages qui suivent cette histoire, vous pouvez commencer l'éveil à la foi en famille. Elles répondent le plus simplement possible aux toutes premières questions d'enfant.

À chaque double page, un encadré vous donne des conseils pratiques pour faciliter cet éveil à la foi.

Et, comme la vie de foi ne se conçoit pas sans la prière, vous trouverez en fin d'ouvrage quelques premières prières toutes simples pour les tout-petits.

Puisse ce livre vous aider à laisser venir à Jésus votre petit enfant !

Le jour de ton baptême

Quand tu étais un petit bébé, papa et moi, nous avons décidé de te faire baptiser. Nous voulions t'offrir ce qu'il y a de plus beau, un cadeau merveilleux pour grandir et vivre heureux. Ce cadeau est invisible : c'est l'amour de Dieu.

Tu étais trop petit pour t'en souvenir aujourd'hui, mais quand le grand jour est arrivé, c'était une vraie fête ! Devant l'église, je te berçais dans mes bras.

Tout le monde se bousculait pour t'admirer : ton parrain, ta marraine, tes grands-parents et même les cousins qui habitent loin. Tu donnais à chacun un joli sourire, comme un vrai petit roi ! Quel bonheur d'être tous réunis autour de toi !

À l'entrée de l'église, le prêtre a dit : « Bienvenue à tous, dans la maison de Jésus ! » Puis il a tracé une croix sur ton front. Papa et moi, ton parrain et ta marraine aussi ! La croix, c'est le signe des amis de Jésus. Le jour de ton baptême, tu es entré dans la grande famille des chrétiens.

Puis nous avons écouté les textes de la Bible qui racontent la grande histoire d'amour de Dieu avec les hommes. J'écoutais moi aussi et je me disais : « Je suis la plus heureuse des mamans, car j'ai le plus merveilleux bébé du monde ! »

Ce jour-là, nous avons beaucoup prié pour toi. À ton oreille, j'ai murmuré ma prière de maman :

« Que ta vie soit belle, mon petit…
Et que Dieu te garde toujours… »

Le grand moment du baptême est arrivé. Nous nous sommes rassemblés autour d'une grande cuve, pleine d'eau bénite, avec ton parrain, ta marraine et tous les enfants.

J'ai approché ta petite tête. Tout le monde a fait silence. Le prêtre a pris dans ses mains l'eau qui donne la vie, l'eau du baptême. Il l'a fait couler sur ton front, en disant : « Je te baptise, au nom du Père, et du Fils, et du Saint-Esprit. »

Tu étais baptisé ! Tout le monde était joyeux alors, nous avons chanté à pleine voix. Papa t'a porté haut, haut dans ses bras, pour que tout le monde puisse te voir ! Il était si fier de son petit baptisé…

Sur ton front, le prêtre a mis de l'huile qui sent bon. C'est le saint-chrême. Ta marraine m'a aidée à t'habiller avec une belle robe blanche. Le blanc, c'est la couleur de Dieu ! Tu étais tout propre, tout neuf, comme le petit matin d'un jour nouveau…

Le prêtre a donné à ton parrain et ta marraine un beau cierge allumé : la lumière de Dieu. Tous les deux, ils ont promis de nous aider à te montrer le chemin du bonheur avec Dieu.

La flamme de la bougie brillait dans tes yeux.

Autour de ton cou, ton parrain et ta marraine ont passé une chaîne avec une belle médaille. C'est la médaille que tu portes encore aujourd'hui, le dimanche et les jours de fête.

À la maison, nous avons fait une grande fête avec toute la famille. Tout le monde était content. J'avais préparé une jolie table fleurie. Les enfants ont fait les petits fous, toute l'après-midi, et, le soir, chacun est rentré chez soi avec un petit sachet de dragées et plein de doux souvenirs dans le cœur.

Bienvenue
dans la famille de Jésus !

Le jour de ton baptême,
tu es entré dans la grande famille des chrétiens.
Les chrétiens sont tous les petits frères de Jésus, le Fils de Dieu.

Une grande famille

Pour t'accueillir dans la famille de Dieu, le prêtre a tracé sur toi le signe de la croix de Jésus.

Nous faisons ce geste pour nous souvenir de Jésus. Il est mort sur une croix, mais Dieu n'a pas voulu qu'il reste mort : il est vivant pour toujours ! Si nous faisons confiance à Dieu, nous nous retrouverons tous ensemble avec Jésus au paradis.

Le signe de Jésus

Pour faire le signe de croix, tu mets la main sur ton front, puis sur ton ventre, puis sur l'épaule gauche, puis sur l'épaule droite. Demande à papa ou maman de t'aider.

Pour les parents

Un beau signe de croix

Une astuce pour apprendre le signe de croix à votre enfant : placez-vous en face de lui et tracez votre signe de croix à l'envers (front, ventre, épaule droite et épaule gauche). Votre enfant reproduit vos gestes comme dans un miroir et son signe de croix se remet à l'endroit… tout seul !

Au nom du Père,

et du Fils,

et du Saint-Esprit.

Amen.

C'est qui, Dieu ?

Dieu, on ne le voit pas, on ne l'entend pas
comme on entend son papa ou sa maman.
Pourtant, il est toujours là, avec toi !

C'est Dieu qui a tout fait !

Regarde autour de toi : les arbres, le ciel, les oiseaux, le soleil, les animaux. Comme c'est beau ! C'est Dieu qui a fait tout cela… pour nous, pour toi !

Dieu t'aime, comme un papa

Dieu est comme le meilleur des papas : tu es son petit trésor, il t'aime et veille sur toi pour t'aider à devenir grand. Comme ton papa, il veut que tu sois le plus heureux du monde ! Alors, essaie de mieux le connaître !

Pour les parents

Dis, maman, il est où Dieu ?

Difficile de répondre à cette question d'enfant ! Quand nous disons que Dieu est au ciel, nos tout-petits scrutent les nuages ! Si nous disons qu'il est partout, ils le cherchent dans l'herbe du jardin ! Alors, que dire ? Dieu est dans un lieu que nous ne pouvons pas voir mais il est proche de nous : il veille sur nous avec amour. Nous pouvons aussi sentir sa présence dans tout ce qu'il y a de beau autour de nous : la Création mais aussi et surtout l'amour que nous nous portons !

Jésus, notre grand frère

Jésus a été un bébé, puis un petit garçon et un homme. Mais il est aussi le Fils de Dieu. Toute l'année, nous nous souvenons de ce qui lui est arrivé et de ce qu'il a fait pour nous.

À Noël, nous fêtons la naissance de Jésus. Il est né dans une étable, il a été un tout petit bébé comme nous. Sa maman s'appelle Marie. Joseph s'occupe de lui comme un papa, mais le vrai papa de Jésus, c'est Dieu.

La semaine de Pâques, nous nous rappelons de la mort de Jésus. C'est triste. Heureusement, Dieu n'a pas voulu que Jésus reste mort. Jésus est vivant pour toujours, il est ressuscité même si nous ne le voyons pas. Quelle fête !

À l'Ascension, nous nous souvenons que Jésus ressuscité est monté au ciel pour retrouver son Père.

Le jour de la Pentecôte, nous nous rappelons que Jésus nous a envoyé son Esprit pour nous apprendre à aimer comme lui.

Jésus nous donne l'exemple

C'est important de vouloir vivre comme Jésus l'a fait. Il est pour toi comme un grand frère qui te donne l'exemple.

Écoute Jésus

Pour connaître Jésus, c'est facile ! Il existe un livre qui raconte toute son histoire. C'est l'Évangile. Tu peux en avoir un avec des jolis dessins pour le lire avec papa ou maman. Quand tu écoutes l'histoire de Jésus, c'est un peu comme si tu écoutais Jésus te parler. Pendant sa vie, il nous a appris à mieux connaître son papa, Dieu.

Aime comme Jésus

Jésus nous dit aussi comment faire pour être heureux. Si tu veux être heureux, écoute-le. Pour Jésus, le plus important, c'est d'aimer les autres : aimer son papa, sa maman, toute sa famille, ses amis et même ceux que l'on n'a pas envie d'aimer au début ! C'est le secret du bonheur.

Pour les parents

Il est où, Jésus, maintenant ?

Nous répétons à nos enfants que Jésus est vivant. Et ils nous questionnent, tout naturellement : « Il est où ? » Nous pouvons leur expliquer que, depuis l'Ascension, Jésus est au ciel auprès de son Père. Mais il ne nous a pas abandonnés, il est présent, par son Esprit. Il est là quand nous prions ensemble. À chaque messe, Jésus revient vers nous dans l'eucharistie. Il est vraiment là, même si on ne le voit pas.

La famille des chrétiens, c'est l'Église

L'Église, c'est la famille de Jésus. L'Église existe depuis très longtemps et nous sommes si nombreux qu'il est impossible de nous compter tous !

Une grande et belle famille

Dans l'Église, il y a des bébés, des filles, des garçons, des papas, des mamans, des grands-parents. Il y a aussi des grandes personnes qui ne sont pas mariées, qui n'ont pas d'enfant. Certaines sont des religieuses, des moines ou des prêtres. Sur Terre, c'est le pape et les évêques qui prennent soin de la famille de Jésus. Les prêtres sont là pour les aider. Ils nous aident à mieux connaître Jésus et à vivre comme lui.

Les saints

Les saints sont des hommes, des femmes ou des enfants qui ont aimé Jésus de tout leur cœur. Ils ont essayé de vivre comme lui. Tu portes un prénom qui a sans doute été celui d'un saint ou d'une sainte. Essaie de connaître son histoire. Tu peux aussi demander à ce saint de porter ta prière jusqu'à Dieu.

Pour les parents

C'est quoi un prêtre ?

Parfois, les enfants se demandent ce qu'est un prêtre : est-il si différent de leur papa ? Vous pouvez leur expliquer que c'est un homme comme les autres, mais qui a accepté de ne pas se marier, de ne pas être papa, pour passer tout son temps à nous aider à mieux connaître Jésus. Il célèbre la messe, marie les fiancés, baptise les petits enfants… Bref, il est là pour nous rappeler chaque jour ce que Jésus a fait pour nous et nous pouvons lui en être reconnaissants. Une bonne raison de prier tout particulièrement pour le prêtre de votre paroisse lors de la prière en famille !

Jésus, un frère à qui parler

Même si tu ne le vois pas, tu peux parler à Jésus
à tout moment de la journée. Il t'écoute et il t'aime.

Petite prière du matin

Jésus,
merci pour cette journée qui commence.
J'ouvre mes petits yeux, mes petites oreilles,
pour bien en profiter.
Aide-moi à ouvrir aussi mon cœur,
bien grand, pour aimer très fort, comme toi !

Petite prière du soir

Petit Jésus,
je te confie mon papa, ma maman,
et tous ceux que j'aime.
Petit Jésus,
je te donne mon cœur,
rends-le semblable au tien !
Bonne nuit !

Petite prière avant le repas

Merci, Jésus, pour ce repas
qui nous fait grandir.
Merci, Jésus, pour ce repas.
Bénis notre pain.

Pour les parents

Quand commencer la prière avec un enfant ?

Dès la naissance, pourquoi pas ! Il n'est jamais trop tôt pour prier avec un tout-petit. Vous pouvez tracer une petite croix sur le front de votre bébé en murmurant une prière. Plus tard, devant une croix, vous pourrez reprendre cette prière avec lui. Bientôt vous lui réciterez chaque jour le Notre Père ou le Je vous salue Marie pour qu'ils s'impriment dans sa mémoire et son cœur.

Petite prière pour dire je t'aime à Jésus

Jésus, je t'aime.
Je veux mieux te connaître.
Je veux te ressembler,
aimer comme toi,
pour être toujours heureux !

Petite prière pour dire merci

Merci, Jésus,
pour tout ce que je trouve joli,
pour tout ce qui me fait rire,
pour tous ceux que j'aime,
mon papa et ma maman,
ma famille et tous mes amis !
Merci, Jésus,
pour tout ce que tu me donnes !

Petite prière pour demander pardon

Pardon, Jésus,
si j'ai fait de la peine à quelqu'un,
si j'ai été méchant.
Aide-moi
à être gentil et à aimer comme toi,
même ceux que je n'aime pas !

Petite prière pour ceux qui sont tristes

S'il te plaît, Jésus,
aide ceux qui sont tristes
et ceux qui sont malades.
Fais-moi penser à faire des câlins
à ceux qui ont du chagrin.

Notre Père

Notre Père
qui es aux cieux,
que ton nom soit sanctifié,
que ton règne vienne,
que ta volonté soit faite
sur la terre comme au ciel.
Donne-nous aujourd'hui
notre pain de ce jour.
Pardonne-nous nos offenses,
comme nous pardonnons aussi
à ceux qui nous ont offensés.
Et ne nous soumets pas
à la tentation,
mais délivre-nous du mal.

Amen.

Je vous salue Marie

Je vous salue Marie,
pleine de grâce,
le Seigneur est avec vous.
Vous êtes bénie
entre toutes les femmes
et Jésus, le fruit de vos entrailles, est béni.
Sainte Marie, Mère de Dieu,
priez pour nous,
pauvres pécheurs,
maintenant et à l'heure de notre mort.

Amen.

Photogravure : Point 4
Achevé d'imprimer en Espagne par Unigraf en juillet 2014
Code MDS : 535 103
N° d'édition : 14 138-03
Dépôt légal : avril 2009.